QU'EST-CE QUE

LE DROIT AU TRAVAIL ?

IMPRIMÉ PAR E. THUNOT ET Ce,
28, rue Racine.

QU'EST-CE QUE
LE
DROIT AU TRAVAIL?

PAR

J. BÉCLARD.

PARIS.
JOUBERT, LIBRAIRE-ÉDITEUR,
RUE DES GRÈS, 14;
ET CHEZ TOUS LES LIBRAIRES.

1848.

Qu'est-ce que le droit au travail?

Est-ce un de ces droits antérieurs et supérieurs à toutes les lois écrites, qui, directement émané de la divinité, et inscrit en caractères ineffaçables dans la conscience du genre humain, ne saurait être contesté sans injustice ni sans périls? Ou serait-ce inévitablement la voie fatale, et en quelque sorte le premier pas vers ces doctrines antisociales et antihumaines qui jettent en ce moment dans les esprits tant d'irritation et d'inquiétudes?

Tel est aujourd'hui l'état de la question : question grave s'il en fut, car elle renferme en elle tout l'avenir de la révolution. Déjà l'Assemblée nationale prélude dans ses comités aux grands débats de la tribune parlementaire. Tout annonce que la lutte sera vive. Espérons que l'esprit de parti, qui commence à se glisser dans la chambre, ne viendra pas déplacer la discussion et mettre la passion à la place de la vérité.

Personne, à coup sûr, ne contestera que, si l'on peut inscrire le droit au travail dans la constitution sans introduire dans l'ordre social tous les désastres que rêvent des imaginations alarmées, il le faut faire au plus vite. En supposant même que cette satisfaction donnée à des espérances surexcitées et attentives, n'eût d'autre effet que de répandre un baume consolateur sur des maux que la société ne peut que pallier et non guérir, il ne serait ni généreux ni sage de conclure à son inutilité. Certes, le travail, cette loi éternelle de l'humanité, n'a pas besoin d'être réhabilité, il y a dix-huit cents ans que le Sauveur du monde l'a sanctifié. Il s'agit aujourd'hui de l'affranchir, de l'honorer en le revêtant du sacré caractère de la loi. Ce n'est pas tout de faire des constitutions, il faut les faire aimer.

Mais si nous montrons que, loin de préparer des orages, la reconnaissance du droit au travail est le meilleur moyen de les prévenir; que, loin de bouleverser et de ruiner la France, il n'est pas de système plus pacifique ni plus fécond, qu'il n'en est pas de plus propre à réveiller dans le cœur de l'homme égaré par de vaines et stériles doctrines le sentiment moral du devoir; alors nous aurons exprimé ce que nous croyons être la vérité, et rendu un hommage sincère au dogme de la fraternité, gage de paix dans l'avenir et égide morale de la constitution.

Le droit au travail touche à des intérêts nombreux. On peut l'envisager au point de vue moral, au point de vue politique, au point de vue économique ou financier.

Et d'abord, qu'est-ce qu'un droit? « Le droit, dit Vico, c'est l'unité des idées du genre humain concernant les choses dont l'*utilité* ou la *nécessité* est commune à toute la nature humaine. » Ainsi le fondement du droit est dans la conscience. Le sens moral le découvre, le devoir sanctionne sa légitimité. Tout devoir certain envers la société ou envers soi-même implique pour l'individu un droit incontestable. Le travail est le plus naturel et le premier des devoirs : le sentiment de notre conservation individuelle et le besoin inépuisable de notre perfectionnement moral, tels sont ses mobiles nécessaires et permanents. Le droit qui en découle est donc un droit inviolable et sacré : ou il faut nier le devoir, ou il faut reconnaître le droit.

Prenez garde, dira-t-on; quelque évident que soit le droit dont vous parlez, c'est un droit naturel, ce n'est pas encore un droit social. Il y aurait à l'écarter un immense intérêt public. Savez-vous où vous allez ? Nous le savons, nous. Le jour où vous inscrirez le droit au travail sur les tables de la loi, vous dévouez la société à la misère et à la mort. Arrêtez-vous, conservez ce qui est, contentez-vous du présent. Croyez-nous, au delà il n'y a que le néant.

Cette manière de raisonner n'est pas nouvelle, et la philosophie l'appelle, assez dédaigneusement, *argumentatio a consequentiis.* Un droit est certain, incontestable; vous-mêmes le reconnaissez; mais les conséquences qu'il doit entraîner à sa suite sont en contradiction avec telles ou telles données économiques, donc il faut lui barrer le passage. N'est-ce pas dire en d'autres termes: L'économie politique est immorale, et les institutions sont fondées sur le hasard et sur la force, et non pas sur la justice. Voilà ce que vous ne pouvez pas éviter.

Reportons-nous en arrière. Qu'ont été toutes les conquêtes de la civilisation, notre gloire et notre force aujourd'hui, sinon le triomphe du droit naturel sur des conventions sociales qui croyaient pouvoir puiser dans la durée de leur règne les preuves suffisantes de leur nécessité. L'esclavage, le vasselage, le servage, les priviléges de toutes sortes, l'exemption des tailles, l'hérédité des charges et des titres, etc., et tant d'autres attentats contre le droit naturel, n'ont-ils pas été considérés, pendant des siècles, comme les fondements inébranlables des sociétés? Et, pourtant, chacune de ces conquêtes qui nous paraissent aujourd'hui si légitimes, que de résistances il leur a fallu vaincre; combien de clameurs n'ont-elles pas soulevées, de combien de combats, de combien de sang n'ont-elles pas été achetées!

Prétendre étouffer un droit naturel dans la conscience d'un peuple, c'est méconnaître l'histoire des nations et celle du cœur humain. Reculer devant la solution d'un problème inévitable parce qu'il est dangereux, c'est charger l'avenir d'incertitudes et de périls. Gardons-nous de comprimer imprudemment les notions de droit et de justice. Il y a au fond du cœur de l'homme un instinct naturel plus fort que les constitutions; et quand celles-ci dédaignent d'y chercher leur puissance, elles appellent sur elles la tempête.

Déclarer solennellement que le travail est un droit, c'est protester contre cette maxime impie que le travail n'est qu'un frein salutaire; c'est sanctifier le devoir et ramener les consciences égarées; c'est soustraire le travailleur à cette inquiétude mortelle du lendemain qui empoisonne jusqu'aux joies de la famille quand il rentre brisé par la fatigue au foyer domestique; c'est proclamer que personne ne peut s'affranchir d'un devoir, et que la société ne doit rien à qui ne fait rien pour elle. La loi doit régner sur les âmes plus encore que sur les esprits.

Le temps n'est plus où les gouvernements pouvaient remplacer le droit par le fait. Les véritables conservateurs de nos jours, ce sont ceux qui cherchent avant tout à reproduire dans la loi l'image fidèle de la personnalité humaine. Les droits naturels, précisément parce qu'ils sont l'expression la plus pure de l'organisation physique et morale de l'homme, constituent par là même les fondements impérissables des sociétés. Lorsque la reconnaissance d'un droit paraît impossible ou contradictoire avec l'état social, on peut affirmer hardiment que la société n'est pas définitivement assise.

Il est vrai que l'introduction d'un droit nouveau au sein de la constitution crée des difficultés sérieuses, mais ce ne saurait être là une fin de non-recevoir. Quand l'heure des réformes légitimes a sonné, il ne suffit pas de les nier, il faut les discuter et les résoudre. Un gouvernement ne peut pas vivre au jour le jour. Le véritable homme d'État est celui qui s'empare des événements pour les diriger. Ce n'est pas à lui à se laisser conduire par eux.

S'agit-il, d'ailleurs, de reconnaître ici un droit sans limites, terrible, absolu, tyrannique? Mais chacun des droits de l'homme n'a-t-il pas pour limites nécessaires le droit de ses semblables? La propriété, la liberté sous toutes ses formes, droits inviolables s'il en fut, ne sont-ils pas assujettis eux aussi à de certaines conditions destinées à en régler l'exercice, et qui, sauvegardant les intérêts de tous, n'ont d'autre effet que de les consolider ?

Reconnaître le droit au travail, implique donc la nécessité de le régler.

Il est impossible, nous dit-on, de sortir du domaine de la spéculation pour entrer dans celui de la pratique sans se convaincre que l'exercice d'un pareil droit est contraire à la liberté et attentatoire à la propriété. Ah! certes, si le droit au travail devait avoir cette funeste issue de ravir à la civilisation moderne ces saintes conquêtes de nos pères, plutôt cent fois mourir pour les défendre. Mais quoi! le travail l'ennemi de la liberté, lui qui l'a donnée au monde; le travail l'ennemi de la propriété, ce capital précieux qui représente deux mille ans de labeurs et de privations! Est-ce possible?

La victoire récente remportée par la souveraineté du peuple sur des tentatives factieuses a laissé dans quelques esprits une émotion qui dispose mal aux jugements impartiaux de la raison, et les livre à leur insu aux séductions calculées des partis. Créer des chimères pour se donner le mérite de les vaincre, et persuader sans cesse au pays qu'il est à deux doigts de sa perte pour se donner la gloire de le sauver, la tactique n'est pas nouvelle; ce n'est pas d'aujourd'hui que le prétexte du bien public est le plus grand fléau des nations.

Examinons donc attentivement, et dégagés de toute préoccupation de systèmes ou de personnes, les divers arguments, ou plutôt l'argument toujours le même, quoique reproduit sous diverses formes, que les adversaires du droit au travail opposent invariablement à son application. Voici leur manière de raisonner : elle suppose le droit pris au point de vue de son application absolue.

L'État, dites-vous, ne peut ni ne doit assurer le travail, non pas que cette garantie soit en elle-même un droit exorbitant (comment rester insensible, comment ne pas gémir devant le triste spectacle du chômage et de la misère ?) ; mais ce droit, en imposant au gouvernement le devoir de fournir du travail aux bras inoccupés, constitue en sa faveur un privilége permanent contre lequel l'industrie privée serait impuissante à lutter longtemps. L'atelier national, cette plaie politique et financière à peine fermée, va se rouvrir ; l'industrie et le commerce sont frappés à mort ; les capitaux émigrent, et la propriété, surchargée d'impôts qu'elle ne peut payer, rentre bientôt dans les mains de l'État qui s'acquitte par l'expropriation. Ainsi, des catastrophes terribles d'abord, et ensuite la misère.

Voilà un sombre tableau ; mais envisagé de cette façon, est-il un seul des droits de l'homme qui, dégagé de toutes règles et de toutes limites, n'entraînât dans l'économie des sociétés tous les désordres dont vous parlez, et n'aboutît en dernière analyse à l'anarchie la plus affreuse ? Lorsque la liberté d'association jusque-là sans frein vous a paru périlleuse, avez-vous supprimé le droit? non, vous l'avez réglé. S'il est une liberté qui puisse dans ses écarts exercer sur les cœurs une influence pernicieuse ou immorale, certes c'est la liberté de la presse. Avez-vous jamais songé à étouffer la presse? Lorsque émus des abus de la liberté illimitée du commerce et de l'industrie, des esprits généreux mais absolus vous ont proposé de la confisquer au profit de l'État, les avez-vous écoutés? Ne l'avez-vous pas au contraire chaleureusement défendue? Tout au plus chercherons-nous un remède à ses excès, avez-vous répondu, et tous les amis de la liberté ont applaudi. C'est qu'en effet il est quelque chose de plus dangereux encore que les excès de la liberté, ce sont les attentats contre le droit.

Soyez donc logiques, et ne tracez pas sans cesse devant nos yeux le tableau de l'anarchie; la question n'est pas là.

Chercher comment le droit au travail peut s'harmoniser avec les autres droits naturels, chercher comment il doit être compris, quelles sont ses limites, quelles restrictions sont nécessaires à son exercice pacifique et régulier, poser enfin les règles auxquelles il faut l'assujettir pour l'introduire sans secousses dans la législation, voilà la véritable question. Là doit porter le débat, là est l'œuvre de la loi. Alors, l'expérience acquise, les lumières de la science politique, la connaissance des hommes, les inspirations du sentiment, concourront ensemble à l'établissement raisonné de la véritable égalité pratique, dernier terme des révolutions.

Ce faisant, ces grands intérêts de la patrie une fois engagés, les esprits reviendront d'eux-mêmes aux véritables intérêts du pays, et peu à peu disparaîtra ce scandaleux débordement d'ambitions personnelles, legs désastreux d'une monarchie corrompue. Alors, pour parler le langage d'un journal du pouvoir déchu, ces temps heureux où un discours d'installation était un événement et occupait la presse pendant huit jours, ces temps heureux auront disparu sans retour.

Nous n'avons nullement le dessein de formuler ici une solution définitive. Nous ne pouvons que chercher à faire ressortir les principes qui nous paraissent devoir présider à son application. Il est probable, certain même, cela est dans les lois de la nature humaine, que l'on n'arrivera pas du premier coup à la perfection. Ce n'est que peu à peu, et par des améliorations successives et graduées, qu'éclairées par les exemples du passé, les institutions s'accommodent aux véritables destinées de l'humanité.

Vous craignez qu'en conférant au gouvernement le soin de fournir aux bras inoccupés le travail qui leur manque, cette fonction ne constitue entre ses mains un privilége fatal aux intérêts privés; mais nous ne voulons pas non plus de priviléges. L'État doit avant tout se considérer comme le gardien des intérêts de chacun de ses membres; il lui appartient, c'est pour lui le premier de ses devoirs, d'enlever au droit tout ce qui est de nature à léser ces intérêts. Quand le travailleur sans ouvrage s'adressera à l'État, celui-ci aussi bien que l'entrepreneur, et avec plus d'autorité encore, car il parle au nom de la société entière qu'il représente, n'est-il pas le maître de dicter les conditions du contrat?

Faites que toujours la rétribution donnée par l'État soit en proportion du travail produit; de plus, faites en sorte que les conditions de l'État soient toujours moins avantageuses pour l'ouvrier que celles de l'industrie privée; de cette manière vous éviterez la concurrence au profit de l'État qui vous effraye, vous porterez remède aux véritables maux du chômage, et vous préviendrez la redoutable émigration des travailleurs.

Dans la pratique, il sera facile de déterminer le chiffre de l'indemnité que devra allouer l'État. Les corporations de prud'hommes, ou au besoin des commissions nommées *ad hoc* et composées de patrons et d'ouvriers, pourront facilement, en tous les temps, et suivant les cours du jour, établir les tarifs dont nous parlons. Les commissaires chargés de fixer le taux des salaires représentant les divers éléments de la production, ce taux sera aussi équitable que possible. En rétribuant les ouvriers seulement un peu au-dessous des moyennes fixées par la commission, l'État atteindra encore un autre but, celui de maintenir dans les diverses branches du travail privé une rétribution suffisante, sans cependant porter aucunement préjudice à la liberté.

Le droit au travail, ainsi qu'on le lui reproche malicieusement, n'implique nullement la nécessité où devrait se trouver l'État de se laisser imposer la demande, et de donner, par exemple, à l'avocat des causes à plaider, au cordonnier des souliers à faire, au médecin des malades à soigner, au maçon des maisons à construire, au chanteur un auditoire pour l'entendre. Le droit au travail n'est pas un remède à tous maux ; il agit dans une sphère moins étendue, mais malheureusement encore assez vaste. Il remédie aux souffrances les plus vives et les plus nombreuses.

Est-ce que par hasard ceux qui le repoussent auraient trouvé cette panacée universelle?

Il est évident qu'en pareille circonstance, à l'État appartiennent la direction et le choix du travail à accomplir. De cette façon, il pourra diriger là où les besoins du moment l'exigeront, les travailleurs qui auront recours à lui. Si quelques travaux d'intérêt public deviennent nécessaires, si des essais de colonisation sont tentés, l'État a des travailleurs sous la main. Il pourra enfin, et ce serait là l'application la plus utile de cette garantie nouvelle, il pourra tourner vers l'agriculture les bras qui lui sont si nécessaires.

En conférant à l'État la fonction suprême de diriger les travailleurs, le droit au travail n'aurait que ce côté avantageux d'écouler peu à peu le trop plein de l'industrie vers le travail des champs, qu'il faudrait encore reconnaître qu'il est bon à quelque chose. Dans un pays comme la France, sous un beau ciel comme le nôtre, avec une terre d'une fertilité rare, croirait-on qu'il y a des millions d'hectares en friche? La population de nos faubourgs est décimée par la misère, par l'encombrement, par le défaut d'air, tandis que des trésors sont enfouis dans la terre, qui n'attendent que la main de l'homme pour sortir abondamment du sol, en prairies, en bestiaux, en moissons. D'inépuisables richesses sont sous nos pieds, chacun le sait, chacun le dit : cela ne saurait suffire.

A l'aide du travail à la tâche, d'une part, et de la modicité des salaires, de l'autre, l'État, au lieu d'appeler à lui les travailleurs, tend donc à les maintenir ou à les faire rentrer aussitôt que possible dans l'industrie privée. Sous ce rapport, l'État ne saurait porter préjudice à l'entrepreneur. Mais, pour respecter complétement la liberté du commerce et de l'industrie, l'État doit faire plus encore. Les conditions, avantageuses pour lui, auxquelles il fera travailler, lui permettraient, s'il le voulait, de livrer ses produits à meilleur marché, et de faire indirectement une concurrence déloyale au commerce libre. Évidemment il ne peut pas le vouloir : un pareil trafic serait directement opposé à l'esprit de l'institution même qu'il veut fonder. Il devra, par conséquent, établir la valeur de ses objets fabriqués, si jamais il se fait fabricant, d'après les prix courants.

Si, en sus de la rentrée de son capital et des intérêts de son capital, la différence entre la somme de ses gains et celle des salaires constituait un bénéfice, ce qui est plus que douteux attendu le peu de fixité de ses opérations et la mobilité de ses ouvriers, il pourrait établir, ou tout au moins contribuer à établir avec ces bénéfices une caisse de retraite ou de secours pour les ouvriers malades, vieux et infirmes ; et je ne parle pas seulement des ouvriers qui auraient travaillé pour l'État, mais de toutes les infortunes sans distinction : les faveurs de l'État ne doivent appartenir à personne en particulier.

Mais l'État, j'imagine, resterait longtemps agriculteur. Et quant au préjudice qu'il pourrait porter à l'agriculture libre, il est inutile de nous y arrêter. Ce n'est pas de nos jours, tout au moins, que ce danger est possible. Avec les immenses travaux de défrichements, d'irrigations, de chemins vicinaux, de colonisation, que l'État peut entreprendre, l'agriculture ne se plaindra pas de sitôt de la concurrence, et elle l'appelle de tous ses vœux.

Aujourd'hui, au travailleur déclassé qui demande de l'ouvrage, la charité publique supplée au silence de la loi en donnant du pain. L'arrondissement confie aussi à son bureau de bienfaisance le soin de rechercher et de secourir dans la mesure de ses ressources ses habitants les plus affamés. Personne ne meurt donc littéralement et immédiatement de faim, quoique la mort du pauvre n'en soit pas moins douloureuse, pour être plus lente.

Il y a des années où, à Paris seulement, les registres des bureaux de charité reçoivent près de cent mille inscriptions. Sans doute les cent mille malheureux qui vivent ainsi de la charité publique n'ont recours à l'État qu'à l'époque des chômages, et, pour quelques-uns d'entre eux, les secours accordés sont presque insignifiants, mais il n'en est pas moins certain que chaque année le total des sommes affectées à cette dépense s'élève à un chiffre considérable. Joignez à cela les innombrables dons de la charité privée, dont l'évaluation est tout à fait impossible, et vous concevrez facilement quelles sont les proportions de l'aumône en France.

Or il est évident qu'un pareil système, tout généreux qu'il paraît, est essentiellement désastreux dans ses résultats. Non-seulement il est insuffisant pour remédier à la misère, mais, loin de la guérir, il l'empire. Et, en effet, de deux choses l'une : ou vous donnerez du travail à celui qui en demande, ou vous lui donnerez du pain. Dans le premier cas, vous demandez à l'ouvrier un produit en échange des aliments que vous lui cédez ; dans l'autre, vous lui donnez sans lui rien demander.

Qu'arrive-t-il de là? c'est que l'aumône consomme anuellement des millions qui disparaissent sans retour; qu'elle n'est point un remède, mais tout à la fois l'aliment du chômage et celui de la mendicité.

Avec la garantie du travail, loin de détruire sans cesse des capitaux, vous en créez sans cesse de nouveaux. La dépense improductive de l'aumône s'arrête; les produits autrefois consommés par elle s'accumulent sur les valeurs nouvelles. Le droit au travail ouvre deux sources vives de richesses.

Après cela est-ce bien les défenseurs du droit au travail qu'on peut accuser de chercher la popularité aux dépens du trésor public?

Vous voulez assurer du pain aux pauvres. Nous voulons leur assurer du travail. A nos yeux, la vraie charité ne consiste pas à couvrir la misère d'une protection aveugle, mais à la renverser et à en extirper jusqu'aux dernières racines.

Où prendrez-vous, nous dit-on, les fonds destinés aux ouvriers de l'État? Comment limiterez-vous, comment apprécierez-vous, par avance, pour l'inscrire au budget, la somme nécessaire aux besoins imprévus de cette dépense nouvelle? A cela la réponse est bien simple. S'il s'agissait pour l'État de fournir sans cesse un capital improductif, sa fonction rentrerait dans les conditions de l'aumône, et il n'y pourrait suffire que par des crédits successifs et illimités. Mais n'oubliez pas que par la garantie du travail, l'État transforme l'aumône; que loin de disparaître de la circulation, le capital avancé par lui fructifie; que l'État rentre dans ses déboursés, et qu'il peut même faire des bénéfices. Il en résulte qu'il n'a point à se préoccuper d'un nouveau chapitre de dépense, car ce n'est point une dépense.

Avec le faible taux des salaires et l'organisation du travail à la tâche, si l'État ne bénéficie point, il rentrera au moins dans ses déboursés. Mais je mets les choses au pire : je suppose que par une cause quelconque, impossible à prévoir, l'État se trouve en perte. Croit-on que ce déficit accidentel puisse être comparé à la somme aujourd'hui consacrée par lui à panser infructueusement la plaie du paupérisme ?

La garantie du travail n'impose donc point à l'État une dépense nouvelle. Elle n'exige de lui que des avances ; et comme ces avances reposent sur le travail, c'est-à-dire sur le gage le plus certain et le plus réel, toutes causes d'incertitudes disparaissent.

Mais où l'État se procurera-t-il tout d'abord de l'argent ? Ceci ne peut faire question. Ce ne peut pas être par l'impôt, ce sera par l'emprunt.

L'emprunt, dans le cas particulier qui nous occupe, sera doublement avantageux ; il le sera pour les prêteurs, il le sera pour l'État. Avantageux pour les prêteurs, parce qu'en vertu des conditions toutes particulières auxquelles l'État ferait travailler, il pourra, sans dommages, et s'il le juge nécessaire, offrir aux soumissionnaires de l'emprunt des avantages exceptionnels. Avantageux pour l'État, parce qu'étant en mesure de se libérer intégralement, il inspirera à ses créanciers une confiance qui augmentera son crédit, et qui tournera au profit de tous.

De quelque côté que nous l'envisagions, la solution du problème du travail est devenue nécessaire. Jamais opportunité ne fut plus manifeste. Le lendemain de la révolution, la France entière a lu sur ses murailles ces mots qu'elle n'a point oubliés : « La République française s'engage à garantir du travail à tous les citoyens. » Ne faites pas mentir la République. Le problème s'est posé lui-même, il n'est au pouvoir d'aucun de nous de l'éluder.

Quoi que vous fassiez, cette question se dressera toujours contre vous. Emparez-vous d'une espérance qui ne peut plus s'éteindre. Otez aux passions ennemies de l'ordre social, aux ambitions qui sommeillent et qui attendent, tout prétexte à de nouvelles agitations. Ne rejetez pas entre les bras des factions cette masse flottante et incertaine, appoint courageux et inexpérimenté de tous les ambitieux et de tous les partis. C'est une arme que vous pouvez mettre entre vos mains; si vous voulez assurer le présent, pensez aussi à l'avenir.

Ne laissez pas aux écoles dites phalanstériennes et communistes le monopole des idées sociales. Tout monopole est dangereux. Portez la défection dans leur sein, et frappez-les d'impuissance. Songez que demain peut-être nous aurons à lutter sur les champs de bataille de l'Europe !

En résumé :

Le droit au travail, convenablement réglé par la loi, n'est attentatoire ni à la liberté, ni à la propriété.

Le droit au travail est un droit naturel, nécessaire, moral et fécond.

A l'œuvre donc, vous tous qui voulez l'ordre; à l'œuvre vous tous qui voulez le progrès, garantie éternelle de l'ordre.

10 août 1848.

www.ingramcontent.com/pod-product-compliance
Ingram Content Group UK Ltd.
Pitfield, Milton Keynes, MK11 3LW, UK
UKHW020530230726
13925UKWH00005B/2264